SAINT FORT

PAR M. L'ABBÉ BALLOT

CHAPELAIN DE NOTRE-DAME DES BUIS

SAINT FORT

Saint Fort est titulaire de plusieurs églises de France ; il est patron de la paroisse de Morre.

Ce saint ne se trouve pas dans notre calendrier, et le martyrologe ne fait qu'en indiquer le nom, sans dire un mot de sa personnalité.

De longues et sérieuses recherches sur la vie de ce saint ont fini par aboutir et arriver à un résultat assez heureux, je crois, pour fournir sur *saint Fort* des documents qui ne manquent pas d'intérêt et que les fidèles des paroisses qui l'ont pour patron liront avec plaisir.

Un livre du plus haut mérite, honoré d'un bref de Pie IX, et qui est l'ouvrage de Mgr Cirot, camérier de Sa Sainteté, chanoine de Bordeaux, *Origines chrétiennes de Bordeaux, ou histoire de la basilique de Saint-Seurin de Bordeaux*, répand de grandes lumières sur la vie de *saint Fort*, que j'avais le bonheur d'avoir pour patron dans la paroisse de Morre, et que j'ai toujours grandement désiré faire connaître, pendant les quarante-trois ans que j'ai été curé de cette paroisse.

L'auteur de cet ouvrage donne pour premier évêque de Bordeaux *saint Fort*. Rien de mieux soutenu, rien de plus pieux que cette tradition.

Saint Martial, l'un des soixante-douze disciples, suivit à Rome son parent et chef, l'apôtre saint Pierre. Là, il en reçut, avec saint Alpinien et saint Austriclinien, la mission d'évangéliser les Gaules, et, peu de jours après, le bâton pastoral dont le contact rendit la vie à Austriclinien, mort à Colle, en Toscane, en travaillant à sa mission.

Saint Martial, s'avançant par les voies romaines ouvertes devant lui, parvint en Aquitaine, en parcourant les villes qui gardent les monuments authentiques de son passage, débarqua à Soulac, et, par le Médoc, arriva à Bordeaux. Il y fonda au lieu de Saint-Seurin le premier oratoire chrétien, y établit le premier évêque, baptisa grand nombre d'infidèles, et, glorieux de vertus et de miracles, retourna rendre son âme à Dieu dans son église de Limoges. En 1854, S. S. Pie IX a, par un décret de la congrégation des rites, reconnu le *culte immémorial* qui lui est rendu sous le titre d'Apôtre de l'Aquitaine.

Sainte Véronique fut associée à son apostolat. Cette pieuse femme, après la faveur insigne qu'elle reçut de la part du Sauveur montant au Calvaire, prit rang parmi les saintes femmes qui suivaient Jésus et Marie sa mère, au temps de la Passion.

Véronique vint à Rome avec l'image vénérée dont

le contact guérit l'empereur Tibère de la lèpre, et l'y
laissa comme un trésor qui devait rester à l'Eglise
universelle. Elle est gardée à Saint-Pierre, au Vatican,
parmi les plus précieuses reliques, et on voit au Pan-
théon le coffre avec inscription dans lequel elle fut
transportée.

Cette première mission remplie, notre sainte femme
s'attacha au ministère de saint Martial. On la voit
avec lui à Colle en Toscane, puis abordant à Soulac,
où ils élevèrent un oratoire à la très sainte Vierge.
Sainte Véronique y fixe son séjour; là elle meurt
pleine de jours et de mérites, l'an 66 de l'ère chré-
tienne.

Sainte Véronique ne fut pas seule à aider de ses
prières et de ses services l'apostolat de saint Martial,
elle eut pour noble émule dans cette œuvre, Bénédicte,
épouse de Sigebert, nom germanique qui veut dire
fort, comte de Bordeaux. La pieuse comtesse, munie
du bâton de saint Martial, rendit la santé à son mari,
arrêta une tempête sur le fleuve, un incendie dans la
cité, et par ces prodiges amena la conversion au
christianisme de Sigebert ou *Fort* (puisque c'est le
même), suivi de plusieurs milliers de Bordelais.

Dès lors s'établit la première cathédrale de la cité,
près de laquelle se forma le monastère où résida l'évêque saint Amand au ve siècle, où il reçut saint Seurin
qui voulut y être enseveli, d'où partirent les clercs por-
teurs des correspondances de saint Delphin et de saint
Paulin, où vinrent, au ixe siècle, se convertir et re-
poser après leur mort les guerriers de Charlemagne.

Le cardinal de Sourdis, qui mérita la pourpre pour ses hautes qualités dans les sciences et surtout par ses vertus, et qui reçut des marques distinguées d'estime et d'amitié du pape dans ses voyages à Rome, a consacré ces souvenirs dans une ordonnance solennelle : « Ce n'est pas seulement par le bruit public et » l'opinion générale que nous avons appris que l'église » de Saint-Seurin fut autrefois le siège métropolitain, » mais nous en avons eu la preuve par les monuments » les plus antiques et les plus certains... C'est l'église » que saint Martial, disciple du bienheureux apôtre » Pierre, d'un vieux temple autrefois dédié au Dieu » inconnu, consacra la première en Aquitaine à la » gloire du Dieu tout-puissant, à la bienheureuse » Marie et au protomartyr saint Etienne, et où il » sacra archevêque Sigebert (ou *Fort*), auparavant prê- » tre des idoles [1]. »

C'est en considération de cette antiquité que le cardinal de Cheverus attacha à la collégiale le titre de chanoine honoraire et que Sa Sainteté Pie IX, par lettres apostoliques du 27 juin 1873, lui a conféré le titre et tous les privilèges de basilique. Ces privilèges comprennent, outre les indulgences spéciales, le rang d'archiprêtre et autres droits honorifiques pour le titulaire.

L'église souterraine, ou la crypte de la basilique de

[1] Une monnaie mérovingienne du cabinet des médailles de la Bibliothèque nationale ne permet pas de doute sur cette question. Elle porte : *Eglise Saint-Etienne, à Bordeaux,* et constate en sa faveur le droit de battre monnaie, réservé aux églises épiscopales.

Saint-Seurin, est consacrée à *saint Fort*, aussi porte-t-elle le nom de crypte de *Saint-Fort*. C'est dans ce lieu surtout que le saint est invoqué par des milliers de pèlerins. Son culte a éclipsé celui même de saint Seurin ; il a traversé les révolutions, et ramène chaque année à sa crypte une foule immense persistant dans sa dévotion et sa grande confiance à *saint Fort*.

Le vocable de la crypte, les sculptures, peintures, vitraux au chiffre du saint, ne peuvent laisser aucun doute sur la personnalité de saint Fort. Il est celui que saint Martial déclare avoir établi premier évêque de la cité dans son épître aux Bordelais, dont un manuscrit du xe siècle a été retrouvé à la Bibliothèque nationale. Il est le martyr dont la décapitation est représentée dans une peinture murale, visible encore sous les panneaux du chœur, et où se montrent encore une niche munie d'une porte avec ses ferrures et le guichet à travers lequel on apercevait le *bras de saint Fort*. On y lit : *Saint Fort, priez pour nous*. Ce n'est que par ces titres que l'on peut expliquer plusieurs églises et monuments qui lui sont dédiés.

Cette crypte de *Saint-Fort* est une véritable église composée de trois absides et de trois nefs séparées par des colonnes, avec leurs chapiteaux, pris d'un édifice romain. Au fond de l'abside principale se font remarquer plusieurs tombeaux avec deux vases renfermant des cendres d'enfants. Celui de *saint Fort* occupe le centre et fut, au xviie siècle, surmonté du mausolée à six colonnes qu'on remarque aujourd'hui. Dans une châsse d'or et à jour, repose le corps de saint Fort, en majeure partie, moins le bras droit, sur lequel se faisaient les serments, et qui a disparu dans la révolution. Dans une des verrières on remarque plusieurs sujets très intéressants qui ont rapport à *saint Fort*. On admire surtout sa châsse d'or, son image en habits pontificaux, et dans les panneaux latéraux les diverses classes de pèlerins qui accourent à son tombeau, et notamment le maire qui prête serment sur son bras sacré.

Parmi plusieurs ouvrages de décoration dont la boiserie de l'autel pontifical est enrichie, qui attirent l'admiration des visiteurs, et que M. de Montalembert, dans son livre du *Vandalisme*, considère comme le monument le plus précieux de cette église, nous devons surtout nous arrêter devant la scène merveilleuse où saint Martial, paré de tous ses insignes pontificaux, remet à la comtesse Bénédicte, qui sollicite son pouvoir auprès de Dieu pour la guérison de son mari, le bâton de saint Pierre devenu le sien. Dans la partie intérieure du même compartiment, Sigebert (ou Fort), couché, reçoit de son épouse le bâton qui lui rend la santé. Reconnaissant de ce bienfait, Sigebert (ou Fort), avec plusieurs milliers de ses soldats, embrasse le christianisme, et saint Martial se dispose à les baptiser. Dans le compartiment joignant, on remarque le martyre de *saint Fort*. Ici comme dans la peinture murale dont il a été parlé plus haut, des remparts et une porte de ville, des soldats romains, un prêtre décapité et d'autres agenouillés qui attendent leur tour, un autel, une lampe, indiquent les catacombes où ils ont été saisis, le lieu où ils ont été traînés pour leur martyre, leur genre de supplice et l'époque où il s'accomplit ; tout cela convient à saint Fort, premier évêque de Bordeaux. En terminant notre récit, fixons nos yeux sur la rosace des saints patrons de la Basilique. C'est comme le résumé des autres verrières. Notre-Dame de la Rose occupe le centre : autour d'elle se placent saint Fort, saint Seurin, saint Amand, saint Martial, saint Etienne, sainte Véronique tenant la sainte face, sainte Rose de Lima, patronne d'une confrérie de jardiniers, sainte Bénédicte.

Un surcroît de bonheur pour le chapelain de Notre-Dame des Buis soussigné, c'est qu'il a l'heureuse assurance d'obtenir de Mgr Cirot, camérier de Sa Sainteté et gardien des corps saints de la basilique de Saint-Seurin, une parcelle des reliques de saint Fort qui, avec celles qui déjà enrichissent l'autel du vénéré sanctuaire, resteront exposées à la vénération des pèlerins de Notre-Dame des Buis.

L'Abbé BALLOT,
Chapelain de Notre-Dame des Buis.

EXPOSÉ DES RAISONS QUI FONT PENSER

QUE SAINT FORT, PATRON DE LA PAROISSE DE MORRE,

EST LE MÊME QUE SAINT FORT, PREMIER ÉVÊQUE DE BORDEAUX.

1° Autrefois il y avait à l'église de Morre, posée sur une console en fer, une statue très antique, que dans la paroisse on appelait *saint Fort :* elle représentait un évêque en chape avec mitre et crosse, levant le bras pour bénir.

Saint Fort, honoré d'un culte tout spécial à Bordeaux, était évêque.

2° Un ancien pèlerinage, dit pèlerinage à *saint Fort,* existait dans l'église de Morre : on s'y rendait pour se recommander au saint dans les divers besoins de la vie, tant pour le corps que pour l'âme ; on y venait aussi pour obtenir la guérison des enfants malades.

Un grand pèlerinage existe aussi dans une des principales églises de Bordeaux, Saint-Seurin, en l'honneur de *saint Fort*, premier évêque de Bordeaux, martyr.

L'histoire de la vie du saint dit que deux enfants

eurent le bonheur d'être associés à son martyre. Aussi saint Fort est invoqué à Bordeaux comme protecteur spécial des enfants, comme il l'était autrefois à Morre.

3° A la fête patronale de Morre, 20 janvier, les garçons de la paroisse offrent un cierge dit le cierge de *saint Fort*. De temps immémorial, un des garçons qui accompagnent le cierge présente à bénir une épée à la pointe de laquelle est fixé un citron qui sert comme de porte-bougie à plusieurs très petits cierges allumés, dont il est environné comme d'une couronne brillante.

Cette épée ne rappelle-t-elle pas l'instrument qui a tranché la tête de *saint Fort* et qui en a fait un martyr?

Saint Fort, premier évêque de Bordeaux, est martyr : il a eu la tête tranchée.

Ces bougies ou petits cierges allumés en forme de couronne ne rappellent-ils pas la lumière céleste et la précieuse couronne dont le saint a pris possession par son glorieux martyre?

4° Près de l'antique statue de *saint Fort* se trouvait placé un tronc en bois orné de sculptures anciennes et d'un assez bon goût, portant sur sa face principale ces mots : *Tronc de saint Fort*. Il était placé à côté de la statue vénérée, et destiné à recevoir les offrandes des pèlerins qui se rendaient en grand nombre à l'église de Morre, pour se recommander au saint ou lui demander la guérison d'enfants malades.

5° L'ancien reliquaire de l'église de Morre était en forme de bras, renfermant des reliques, mais malheureusement sans authentique.

Ce reliquaire, par sa forme, ne rappellerait-il pas le bras de *saint Fort*, premier évêque de Bordeaux, sur lequel se faisaient les serments? (Ce reliquaire ainsi que le tronc sont encore à l'église de Morre.)

6° Dans le territoire de Morre se trouve un terrain appelé ancien cimetière de *Saint-Fort* : on y trouve en effet des indices que ce lieu, dans un temps très éloigné, a servi pour les inhumations. En ce lieu se trouve une croix qui est en grande vénération dans la paroisse et qu'on appelle croix de *saint Fort ;* une ancienne et respectable tradition dit qu'elle a été placée comme souvenir d'une ancienne chapelle dédiée à *saint Fort* et dont il reste encore quelques vieux débris : les vignes avoisinantes se nomment vignes à *Saint-Fort.* Cette dénomination est primitive et très ancienne, car il n'existe dans la commune et la paroisse aucun titre donnant un autre nom à ces propriétés et à ces objets : tout cela prouve que le culte de *saint Fort* a toujours été en grande vénération dans la paroisse de Morre et remonte à une très haute antiquité.

Le culte de *saint Fort*, premier évêque de Bordeaux, est aussi très ancien, puisqu'il date des premiers temps du christianisme.

Toutes ces raisons semblent établir une telle analogie entre les documents relatifs à *saint Fort*, premier évêque de Bordeaux, et ceux relatifs à *saint Fort*, patron de la paroisse de Morre, que l'on peut affirmer, je crois, sans témérité, que *saint Fort* vénéré à Morre est le même que *saint Fort*, premier évêque de Bordeaux.

Mais, dira-t-on peut-être, comment peut-il se faire que la paroisse de Morre, étant si éloignée de la ville de Bordeaux, ait pour patron le même saint qui est honoré dans cette cité comme martyr et qui en a été le premier évêque ?

A cela nous répondons que l'amour de Dieu n'a pas de limite, et que l'amour du prochain et de soi-même se résigne parfois aux plus grands sacrifices

7° En effet, rien n'empêche de penser que des gens de ce pays-ci, informés des miracles qui avaient lieu et des guérisons merveilleuses qui s'opéraient à Bordeaux, au pèlerinage de *saint Fort*, aient fait le voyage pour implorer aussi pour eux la puissante assistance de ce saint, et l'aient fait connaître, après les faits extraordinaires dont ils auraient été les témoins et les faveurs spéciales qu'ils en auraient reçues.

Ainsi, de nos jours, grand nombre de fidèles font des voyages de dévotion à Lourdes, à la Salette, etc., et dans tous les temps à Lorette, à Rome et à d'autres sanctuaires plus ou moins éloignés, attirés qu'ils sont par les miracles qui s'y opèrent et les grâces toutes spéciales dont ces saints lieux sont privilégiés ; et combien grand est le nombre des monuments, des autels élevés, des statues érigées, des chapelles et même des églises construites par la générosité de pieux pèlerins, sous le vocable de la sainte Vierge ou du saint dont ils ont visité les sanctuaires vénérés, et en mémoire et actions de grâces des bienfaits qu'ils en ont reçus.

8° Autre raison, et c'est par où je finis. L'église de Morre, qui avant 1850 n'était qu'une modeste chapelle, fut construite par les oratoriens de Besançon, en 1719. Les Pères de l'Oratoire, chargés du service spirituel de la communauté (1) de Morre, livrant au culte leur nouvelle chapelle, ne devaient, ce semble, pas choisir pour patron un autre saint que *saint Fort*, déjà titulaire de l'ancienne chapelle, et qui était en très grande vénération dans la localité.

(1) C'est le nom que donnent à ce village d'anciens manuscrits.

PRIÈRE A SAINT FORT.

Très illustre saint Fort, qui dès les premiers jours de l'Eglise naissante avez suivi saint Etienne dans la voie glorieuse du martyre, et qui avez reçu de Dieu un si grand pouvoir dans le ciel et sur la terre, surtout en faveur de ceux qui vous invoquent avec confiance pour les besoins du corps et de l'âme, et pour la guérison des enfants malades ; protégez - nous, grand saint, dans toutes les maladies et les dangers de cette vie ; secourez-nous dans tous les combats du salut, et obtenez-nous de Dieu d'augmenter dans sa grâce à mesure que nous avançons dans la vie, et d'arriver un jour au Ciel pour y partager votre bonheur et y glorifier Dieu pendant l'éternité.
Ainsi soit-il.

Imprimatur.

Vesunt, die 9 aprilis 1879.

BOILLOZ, *vic. gen.*